谨以此书献给那些在过去或现在，创造出"变不可能为可能"之奇迹的人。

新加坡 积极学习力
STUDY HARD

[新加坡] 张郁之 / 著·绘　　廖 丽 / 译

唤醒内驱力

天地出版社　TIANDI PRESS

图书在版编目（CIP）数据

唤醒内驱力 /（新加坡）张郁之著绘；廖丽译. —
成都：天地出版社，2024.1（2024.3重印）
（积极学习力）
ISBN 978-7-5455-7964-2

Ⅰ.①唤… Ⅱ.①张…②廖… Ⅲ.①学习方法—青少年读物 Ⅳ.①G791-49

中国国家版本馆CIP数据核字（2023）第195252号

First published in Singapore by Armour Publishing.
The simplified Chinese translation rights arranged through Rightol Media
（本中文简体版权经由锐拓传媒旗下小锐取得Email:copyright@rightol.com）

著作权登记号　图进字：21-2017-461

HUANXING NEIQULI

唤醒内驱力

出 品 人	杨　政	责任校对	卢　霞
总 策 划	陈　德	美术设计	霍笛文
著 绘 者	［新加坡］张郁之	排版制作	书情文化
译　　者	廖　丽	营销编辑	魏　武
策划编辑	李婷婷	责任印制	刘　元　葛红梅
责任编辑	罗　艳		

出版发行	天地出版社
	（成都市锦江区三色路238号　邮政编码：610023）
	（北京市方庄芳群园3区3号　邮政编码：100078）
网　　址	http://www.tiandiph.com
电子邮箱	tianditg@163.com
总 经 销	新华文轩出版传媒股份有限公司

印　　刷	北京文昌阁彩色印刷有限责任公司
版　　次	2024年1月第1版
印　　次	2024年3月第2次印刷
开　　本	889mm×1194mm 1/32
印　　张	16.75
字　　数	350千字
定　　价	100.00元（全4册）
书　　号	ISBN 978-7-5455-7964-2

版权所有◆违者必究

咨询电话：（028）86361282（总编室）
购书热线：（010）67693207（市场部）

如有印装错误，请与本社联系调换。

目 录

001 导读

005 第一章
用激情
点燃学习动机

023 第二章
超越
平凡的自己

041 第三章
让勇敢
成为一种习惯

061 第四章
保持
充沛的精力

079 第五章
成为
终身学习者

097 后记

099 参考书目

100 索引

102 致谢

导读

罗杰·班尼斯特

罗杰·费德勒

罗杰·维维亚

这三个名字你熟悉吗？他们有什么共同之处（除了名字）？

罗杰·班尼斯特是第一个在4分钟内跑完1英里（约1600米）的人。在他完成这一令人难以置信的壮举之前，许多人都不相信有人能在4分钟内跑完1英里，他们认为这是人力所不能及的。但罗杰·班尼斯特不这样想，他坚定地认为这是可以实现的，并决心创造这个神话。他以积极的心态刻苦训练，终于在1954年打破了这个屏障，用3分59.4秒跑完了1英里。

罗杰·费德勒是一名瑞士职业网球运动员，他被公认为史上最伟大的球员。他凭借高超的网球技术保持了几项世界纪录，比如连续302周稳居世界第一的位置，还赢得了17个男子单打大满贯。

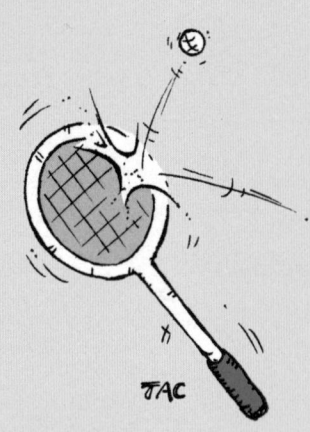

罗杰·维维亚是法国著名的时装设计师、鞋子设计专家。细高跟鞋是他最著名的作品，也是世界首创。他把那些装饰华丽的鞋子当成雕塑一样进行雕琢，将鞋子设计技艺提升到了一个新的高度。他极受评论家们的尊敬，并被视为制鞋业的先锋艺术家。

这三位罗杰的共同点是，他们都具有取得卓越成就的特质。在各自的领域里，他们没有被困难和挑战吓倒，而是以坚定的信念、积极的态度和勤奋刻苦的努力实现目标，开创出属于自己的一片天地。

那么，取得卓越成就的特质是遗传的吗？能后天习得吗？美国作家、金牌推销员、励志演说家齐格·齐格勒说："你的态度而非你的天资，决定你在生活中所能达到的高度。"

换句话说，决定我们能够走多远、取得多大成就的，是我们对待学习及生活的态度，而不是我们的能力。

请记住这一点，然后，让我们去了解更多关于获得卓越特质，成就优秀自我的秘密吧！

成就优秀自我 ①

---

① 本书所有图片中的英文的释义，详见文末《索引》。

第一章

用激情点燃学习动机

你若在上学途中留心观察，应该能看到：

· 有些学生背着书包，蹦蹦跳跳往前走；
· 有些学生却耷拉着脑袋，拖着脚步吃力地前行。

为什么会出现这种截然不同的状况呢？
因为后者缺乏激情！
激情是一种无形的能量，能驱使我们热爱自己的学习或事业，并有卓越的表现。
那么，学生们怎么做才能拥有激情呢？在本章节中，作者介绍了9个诀窍，帮助大家点燃激情。

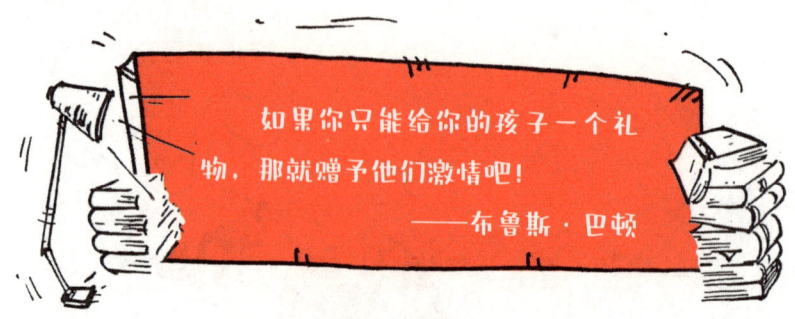

如果你只能给你的孩子一个礼物,那就赠予他们激情吧!

——布鲁斯·巴顿

激情可以创造奇迹

世界上一切的美好都始于愿望。有了愿望,我们就可以将其具化为一个梦想或目标。有了目标,我们就可以制订出计划,按步骤完成计划,最终实现目标。

然而,有时候轰轰烈烈开始的计划最终却失败了,世上有无数这样的例子。根据作家约瑟夫·爱普斯坦的说法,81%的美国人认为,他们脑子里有一本应该被写出来的书,但其中有多少人会真正动手去写并最终写完呢?

要实现目标,计划是很重要的,但还有一个因素不可或缺——激情。有了激情,人们才会有更多的动力去实现目标。

当看到鸟儿在天空中飞翔的时候,莱特兄弟就将让人类也能在天空中翱翔作为自己的梦想。周围的人听说后,纷纷嘲笑兄弟俩,并告诉他们这样的梦想是不可能实现的,只是一场空想。然而,兄弟俩并没有放弃。意识到人

第一章 用激情点燃学习动机

的体能有极限之后,他们满怀激情地着手设计、建造一种能够在天空中运送人的航空器。历经多次试验和失败后,莱特兄弟终于成功地造出了世界上第一架飞机,被载入了史册。

莱特兄弟之所以能成为造出可持续获取动力的人类航空器的第一人,正是因为他们拥有极大的创造激情。

感谢兄弟二人为航空事业的发展奠定了基础。如今,

激情让人类能在空中翱翔

飞机设计技术已经取得了巨大的进步,让我们得以享受舒适和便利的空中旅行。

方法总比困难多

在通往成功的道路上,即便我们有最完备的计划,中途也会出现一些障碍让我们分心,阻碍我们进步。对许多人来说,在遇到一些难以越过的障碍时,他们付出一定程度的努力未果,就会放弃;但对有些人来说,他们始终被渴望成功的激情驱动着,不畏难、敢挑战,无论遇到什么障碍,都能成功地越过。

在北美,劲量电池品牌有一个独特的图标——劲量小兔。这是一只粉红色的玩具小兔子,穿着有劲量品牌标志的服装,戴着太阳镜,打着低音鼓。自1989年以来,劲量小兔的广告一直在电视上播放,它的吸引力就在于它展示出的那种不断前进的动力和激情。

因此,那些充满激情的人常被称为"劲量小兔",因为他们即便遇到挫折,也愿意并有能力继续前进。即便其他人都在挫折中失去了希望,他们仍然不放弃寻找解决问题的办法,对成功志在必得。

第一章 用激情点燃学习动机

不向挫折低头的"劲量小兔"

所以，面对困难时，想想劲量小兔，不失前进之志，不起放弃之心，解决问题的方案自然会出现。

对工作充满热情

热情是许多人实现梦想的动力。有了热情，人们就会变得兴奋，而这种兴奋达到一定程度就会产生激情，让人对这份工作充满期待。

一个人如果热爱他所做的事，激情就会随之而来。戈登·拉姆齐是英国热门电视节目《拉姆齐的厨房噩梦》、美国电视节目《地狱厨房》中的明星主厨。他总结了自己的烹饪事业取得成功的原因：对他来说，烹饪不是一份工作，而是一份热情。正是这份热情促使他成功地经营餐馆，也正是这份热情令他在热门电视节目中大放异彩。

热情洋溢

热情是一种强大、稳定而且浓厚的情感，可以持续催生激情，并使其保持在高水平上。而富有激情在困难的时刻尤为重要。

拥有积极的思想

激情和积极性是相辅相成的。激情不可能存在于消极的环境中。同样，积极性也需要激情来支撑。

第一章　用激情点燃学习动机

积极的思想能帮助人们克服困难。常言道：精神上的满足胜于物质上的拥有。当人的大脑中充满消极的想法时，他所看到的一切都是令人沮丧和绝望的。在思想消极的人眼里，装着半杯水的玻璃杯是空的——至少有一半是空的。与之相反，当一个人的大脑中充满积极的想法时，他眼中看到的就是希望：玻璃杯里有一半是有水的，而且可能很快被加满。

帕奇·亚当斯是一名美国医生，他认为病人的健康状况与其心理状态是密不可分的。他相信热情、幽默和快乐可以帮助病人逐渐好转，乃至康复。每年，他都会召集世界各地的志愿者到不同的国家旅行。他们打扮成小丑，给病人带去欢乐和笑声，以减轻病人的痛苦。

事实上，帕奇·亚当斯的故事就向我们展示了激情和积极思想的力量。

杯子里有多少水？

不要沉湎于过去

每个人都会犯错,但是千万不要沉湎于过去犯下的错误而无法自拔。总沉湎于过去,会让我们产生消极的想法。而这些消极想法会逐渐侵蚀我们,让我们产生自我怀疑。一旦播下了怀疑的种子,前进的道路上就会出现一个大大的障碍——我们自己。通常,我们自己就是最难以克服的障碍。

接下来这个故事足以让我们明白,为何不要沉湎于过去。

弗兰克·贝特格是20世纪初美国

富有激情

职业棒球大联盟的一名球员。有一天，经理告知贝特格，他被三州棒球队解雇了，原因是他很懒散。贝特格大吃一惊。离开球队的时候，经理给了他一个忠告：为工作和比赛注入激情。

于是，贝特格决心告别过往，认真改过，在比赛中投入更多激情。很快，人们开始注意到他。他成了球队中最富激情的球员，不仅他自己在比赛中发挥得越来越好，也激励了其他球员不断突破自我。有趣的是，贝特格并没有成为一名水平更高的球员，但他的比赛激情使他与众不同，备受关注。

两年后，贝特格因受伤不得不中止棒球生涯。但他并没有沉浸在这突如其来的打击中无法自拔，而是以满满的激情重新出发，后来成了一名非常成功的推销员和励志畅销书作家。

请记住：沉湎于过往无法自拔，对现在及未来没有任何好处！

与乐观积极者为伍

中国有句俗话叫："近朱者赤，近墨者黑。"当一个人身处消极、负能量满满的团队中，他肯定会受到负面影响；

敞开心门，悦纳激情

相反，如果他被激情洋溢的人包围，他就会变得充满激情。

如果一个人在情绪低落的情况下与悲观的人谈论自己的困境，他只会变得更加沮丧。他应该与乐观的人交流，让乐观者的积极情绪感染自己。

第一章　用激情点燃学习动机

以弗兰克·贝特格的早年生涯为例，我们可以看到他的激情影响了他的队友，令他们在打球时能够超常发挥。这正如贝特格恰如其分的形容："激情是地球上最应该收取高昂费用的素质，因为它最具感染力，同时又很稀有。"

所以，你要向身边斗志昂扬的人敞开心扉，让他们澎湃的激情推动你前进。

富有创造力

创造力和激情是相辅相成的。激情可以提升创造力，创造力也能引发激情。当一个人处于创造状态时，激情自然会迸发出来，他会感到兴奋，体会到创造的能量在涌动。

曾经有一个男孩想要一个玩具火箭，但他没有钱买，所以决定自己做一个。他收集了所有能从垃圾堆里找到的材料，自己动手做。凭借着创造力和激情，他成功地做出一个漂亮而又精致的玩具火箭。这个玩具带给他无穷无尽的乐趣。有一天，当他在后院玩的时候，有个人看到了他的玩具火箭，想买下它。男孩最初不愿意，但想到卖掉它就有钱买商店里那个自己心仪已久的玩具火箭，于是他就卖掉了它。

创造力引发激情

之后,男孩从商店买回了崭新的玩具火箭。它看起来是那么光鲜亮丽,但男孩却感到玩起来不及自己做的火箭那样有趣。于是,男孩又动手做了一个玩具火箭。

长大后,男孩成了一名成功的玩具制造商。

看到了吧,富有创造力的时候,就是我们拥抱激情的最佳时机!

第一章 用激情点燃学习动机

充满激情地学习

你有没有注意到,在去上学或工作的路上,有些人走路连蹦带跳,有些人却举步维艰?为什么会出现这样的反差呢?

答案就在于,他们是否拥有饱满的激情。如果青少年

充满激情地工作

觉得学习是一件苦差事,或者学校不是你们所喜欢的地方,那么在那里学习就会缺乏激情;相反,如果青少年热爱学习,你们就会感到激情高涨,每天都期待着去上学。

谷歌是一家众所周知、广受欢迎的互联网公司,它营造的工作环境就让员工充满了激情。谷歌的员工在工作时被赋予很大的自主权,完成任务之余他们被允许甚至被鼓励做自己的事。恰恰是这样的工作环境激发了员工的工作激情,令谷歌成为一个有趣且生机勃勃的公司。

所以,当我们充满激情时,学习或工作就不是枯燥地完成本职任务了,而会变得十分有趣。

成为积极主动的人

要想拥有激情,最有效的一种方式就是变得积极主动,具有敢为人先的精神。当积极主动的人成为团队的领导者时,他的激情会传播开来,产生连锁反应,从而感染团队中的每一个人,让团队保持生机和活力。

英国著名足球运动员史蒂文·杰拉德曾是利物浦足球俱乐部的队长,他以富有激情著称。在球场上,他以无比旺盛的精力追逐着那些四处乱飞的球,并以满满的激情感

第一章 用激情点燃学习动机

激情四射的杰拉德

染对手,共同营造出积极的比赛氛围。杰拉德不畏惧挑战,每一次的精准拦截都足以说明他在积极认真地对待比赛,他精彩的进球令人赏心悦目。他对球队的热情使他深受利物浦球迷的喜爱,他们亲切地称他为"神奇队长"。

  变得积极主动的时候,我们会激情倍增,而那些被我们引领着的人,也会受到激励,与我们一起朝着共同的目标迈进。

设置"激情角"

一个人无论眼下如何激情澎湃,都会有疲惫的时候——当这种情况出现时,就是身体在提醒你去休息、充电,好让激情重新燃起。然而,这说起来容易做起来难,通常的情况是,你为此付出了努力,做了休整,激情仍维持在很

激情角

低的水平，很难甚至不可能再恢复到原来的状态。

这就是需要设置激情角的原因。

它可以是工作台上的一个小角落或房间里的一个小区域。你可以在那里贴上励志图片或格言；展示自己过去获得的成就，如奖杯、纪念品；张贴推荐信和自我鼓励的卡片也是不错的选择。这些东西都能让人在疲惫时重获力量，再次沉浸在积极的氛围中，燃起激情。

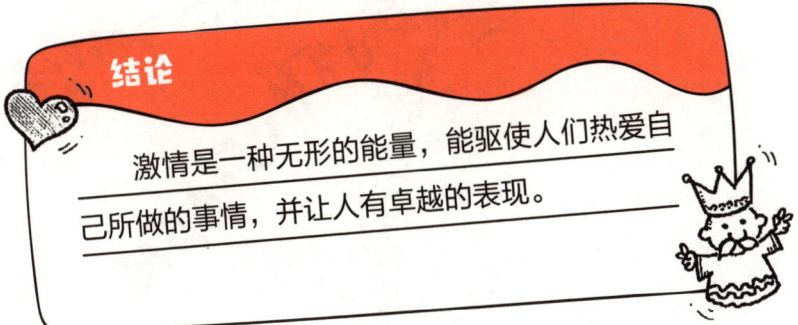

结论

激情是一种无形的能量，能驱使人们热爱自己所做的事情，并让人有卓越的表现。

充满激情

第二章

超越平凡的自己

有些人有着不同凡响的梦想：获得诺贝尔奖，成为亿万富翁，做一个功成名就的人……你是否觉得这些梦想遥不可及，根本就不可能实现？其实梦想大多是可以实现的，只要你做到以下几点：

1. 做好脚踏实地去实现梦想的心理准备；
2. 总是比别人多付出 10%；
3. 拥有一技之长；
4. 保持专注的状态；
5. 管理好自己的时间；
6. 说到，更得做到；
7. 在挫折中保持冷静；
8. 把握当下，抓住机遇。

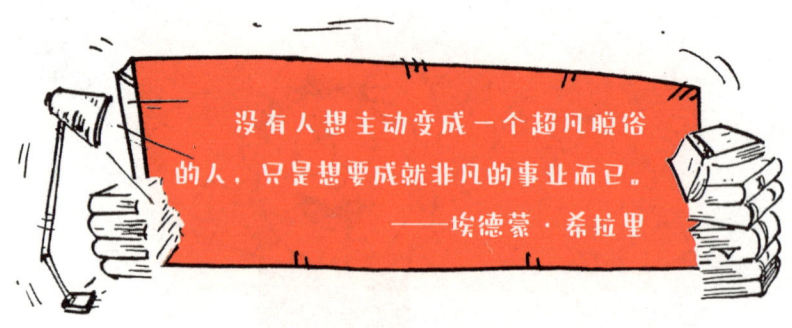

没有人想主动变成一个超凡脱俗的人,只是想要成就非凡的事业而已。
——埃德蒙·希拉里

拥有远大的梦想

每个人都有梦想,梦想是愿望的延伸。有些人的梦想是容易实现的,他们希望自己能够取得一点小成就,比如在某场比赛中得到奖品。当然,对他们来说,这也可能就是一个很大的梦想了。

菲律宾职业拳击手、兼职演员和录音师曼尼·帕奎奥,就是一个有着远大梦想,并始终不忘初心的人。

幼年时,由于生活贫困,曼尼不得不辍学,在街上卖甜甜圈以维持生计。虽然生活艰辛,但曼尼一直有着自己的人生梦想,他渴望成为一名拳击手。为了实现梦想,成年后他去了马尼拉,在那里开始了拳击生涯。最开始,他的生活可以说举步维艰,他必须非常刻苦地训练才能被认可。但曼尼咬牙坚持了下来。

1995 年,曼尼迎来了职业生涯中的第一个大突破——

第二章 超越平凡的自己

远大梦想

在与另一名优秀的职业拳击手埃德蒙·伊格纳西奥的首次对决中,曼尼获胜!于是,一夜间曼尼的名字家喻户晓。从那以后,他陆续获得了许多的胜利,并被他的同胞誉为民族英雄。

曼尼的人生经历是一个白手起家的人的故事,它向我们展示了拥有远大的梦想并为之持续努力对一个人的影响。

积跬步,至千里

拥有远大的梦想只是成就非凡人生的第一步,我们还需要时间和耐心去逐步实现它。这不是一个可以一蹴而就的过程,正如中国伟大的思想家老子说的那样:"千里之行,始于足下。"一切都要从第一步开始。事实上,在采取大动

从点滴做起

作或实施重要的步骤之前，我们需要一步一个脚印，小心谨慎地完成前期的基础工作。

邱缘安是新加坡最成功的励志演说家和作家之一。年轻的时候，他从为杂志社撰稿、去学校演讲开始做起。刚开始的时候，他的读者和观众都很少。靠日复一日的辛勤付出、一点一滴打造的良好口碑，他才慢慢积累了经验与资本，开办了自己的公司。在持续的努力中，他的公司也得以迅速发展，在邻近的国家和地区都有了分支机构。

因此，拥有远大的梦想很重要，懂得脚踏实地、一点一滴去实现梦想同样重要。

多付出10%

超越平凡听起来可能有点令人生畏，但实现非凡也许只是一个简单的过程。比如，每次完成任务时都多付出10%的努力，一次比一次做得好，我们就能够慢慢地朝着非凡的目标靠近。这种额外的付出也表明我们有将项目完成得更好、取得更大成就的决心与潜力。

伟大的拳击手穆罕默德·阿里以拳法过人而闻名于世。人们称赞他"在比赛时如蝴蝶一般舞步轻盈飘逸，又如蜜

步法轻盈，出拳有力

蜂蜇人一般出拳精准有力"。当被问到每次训练做多少个仰卧起坐时，阿里回答说："每次一开始做得很轻松的时候我不会去计算个数，只有当我开始感觉吃力，想要停下来的时候我才开始计数。因为从这个时候开始做的仰卧起坐才真的算数，这样计算得来的数字才能帮助我成为冠军。"

明白了吗？想要出类拔萃，我们就必须额外投入时间、精力和努力。所以，多付出 10% 吧！

第二章 超越平凡的自己

拥有一技之长

每个人都有擅长做的事情，例如烹饪或是某项运动，那靠什么来判断谁"还不错"，谁"很优秀"呢？当一个人有一技之长并能将其发挥到极致时，他就能成为相应领域里的大师，人们会视他为专家并给予他应有的尊重。

迈克尔·乔丹在他那个时代肯定可以被称为最有天赋的

勤奋地训练

篮球运动员之一。然而，他并不是天生就擅长打篮球的，事实上，他在高中的时候甚至没能通过校篮球队的选拔。但乔丹并没有因为遭遇挫折而心灰意冷，相反，他更加严格地训练自己，最终进入了球队。

乔丹一心想要证明自己可以在篮球这项运动中表现得越来越优秀，他通常都会早早地来到球场训练，是最后一个才离开的人。终于，乔丹凭借出色的防守和进攻技巧声名鹊起，成为芝加哥公牛队的传奇球星。不仅球迷认可他，许多同行也认为他是"无法防守的"，因为他一系列出神入化的进攻技巧让他可以在与对手的较量中出其不意地得分。乔丹获得的六枚美国职业篮球联赛（NBA）总冠军戒指，奠定了他在篮球领域坚不可摧的地位。

乔丹的故事说明了一个人精通一项技能的重要性，尤其是当他想在自己从事的领域里不断超越自我的时候。所以，不要满足于简单地了解所学的内容，要努力提高自己的理解、应用水平，从而达到精通的程度。

做出必要的牺牲

当然，要想精通一项技能，我们可能需要牺牲一些东

第二章 超越平凡的自己

西，无论是放弃一点休息时间，还是放弃一点娱乐时间，都是必须做出的牺牲。不愿意做出任何牺牲，却又想取得伟大成就的想法是不现实的。

托德·麦克法兰是著名的漫画家，他的作品《蜘蛛侠》可以说开创了一个崭新的漫画时代，将漫画这门艺术提升到了一个新的高度。他在画中精心绘制细节，并以前所未有的角度描绘出蜘蛛侠的动态，使角色鲜活生动、栩栩如生。

麦克法兰花了数不清的时间在他的工作室里绘制草图，并反复修改，才让这部作品如此完美。他的人生并非一夜成名、快速成功的轻松旅程，而是在坚定信念的支撑下，牺牲无数个日夜来达到目标的过程。

每个青少年都应该明白，只有愿意为实现梦想而做出必要的牺牲，才能获得成功。

保持专注的状态

能够集中注意力,保持专注的状态,是成功者必备的重要品质。许多人都容易被周围的事物分散注意力,但大多数成功人士不看好多任务处理模式,他们认为在执行下一项任务之前,应该专注地完成手头的那一项。

其实,让自己保持专注的方法有许多,其中一种效果显著的方法是确保工作区域整洁不凌乱。如果桌上的物品又多又杂,它们就会分散你的注意力。要进入竞技状态则可采用另一种方法,这在运动项目中很受欢迎。许多运动员在重要的比赛前都会听那种能为他们注入能量的音乐。迈阿密热火队的球星德怀恩·韦德就会在比赛前听歌曲,让自己振奋起来,处于最佳的竞技状态。例如,在2006年的NBA总决赛第六场比赛之前,他反复地听艾米纳姆的歌曲《迷失自己》,让自己保持良好的心理状态。

让自己进入良好的心理状态并保持这种状态是至关重要的。人们的注意力往往容易分散,从而导致不能完成或不能很好地完成任务。所以,请设法让自己在学习或工作时集中注意力,保持专注,快速进入状态。

第二章 超越平凡的自己

FOCUSED

集中注意力

做时间的主人

那些能出色完成既定任务的人几乎都能够做到这一点。他们尊重时间，能够充分利用时间；他们是时间的主人，能够很好地管理时间。正因如此，在日常工作中，他们总能准时出席会议，并在计划时间内完成任务。

反之，一个人一旦成为时间的奴隶，就会发现时间总和自己作对；无法掌控时间，便无法在既定的时间内完成任务。而沦为时间奴隶的人大多有同一个借口：时间不够用。

许多成功者喜欢早起，因为这样可以更好、更充分地利用时间。苹果公司的现任 CEO 蒂姆·库克每天很早就起床。他会在凌晨 4 点 30 分左右处理公司的邮件，并在凌晨 5 点之前去健身房进行晨练。

时间就是效率和机遇，千万别让它从我们的手中白白溜走呀！

别让时间溜走

第二章 超越平凡的自己

说到，更要做到

在一些电视广告中，为了吸引人们购买产品，某些代言人会将产品形容得天花乱坠。但通常这只是一些不切实际的承诺，人们购买并使用了产品后，发现它并不如承诺的那么好，就会感觉自己上当受骗了。于是，这样的产品及商家就失去了商誉。

说到做到

同样，在现实生活中，我们不能只凭一个人说了什么来评判他，还得看他做了什么，因为行动往往比语言更有说服力。也就是说，要看他是否能行动起来，去努力实践自己的诺言；否则，他就不值得信任。

因此，行动起来吧！用与你的承诺匹配的行动来证明自己，不要拖延。

保持冷静，控制自己

"只有保持冷静，才能前进。"这句话最初出现在英国政府制作的海报上，用来鼓励人们为即将发生的战争做好准备。这句话原来是为了帮人们摆脱恐慌的情绪，保持冷静，并在发生爆炸和空袭时提高士气。奇怪的是，英国政府当时印刷了245万张，却一张也没贴出去。直到2000年，其中一张海报被发现，这句话便被用作许多产品的宣传语了。

虽然这张海报在当时没有被使用，但这句话简单而直接地传达出了强有力的信息。能保持冷静的人不会轻易被挫折打败，他们会坚守内心的安宁继续前进。事实上，这类人往往能很好地控制住局面。

第二章 超越平凡的自己

在困境中保持冷静非常重要。如果一个人游泳时腿抽筋了,明智的做法是不要惊慌,尽量放松,并试着通过按摩肌肉来缓解抽筋,可能的话,应该立刻仰面朝上并呼救。反之,如果这时恐慌挣扎,就可能溺水。通常情况下,只要放松下来,抽筋很快就会自行缓解。

冷静下来

由此可见,不管面对什么难题,我们都要保持头脑冷静,在事态失控之前设法控制住局面。

把握住当下

"把握当下,活出卓越人生。"这句话是励志电影《死亡诗社》的经典台词之一。电影中,由已故的罗宾·威廉姆斯扮演的英语教师约翰·基廷很有魅力。他希望学生们热爱文学,"让生活超凡脱俗",因此他采用了非正统的教学方法,比如让学生们站在桌子上从不同的角度观察周边事

把握今天，赢在未来

物，或让学生们在院子里随意地走动，释放最真实的自我。

把握住了今天，也意味着及时抓住了机遇。谁都知道，机遇不可能经常出现。2012年，NBA的亚裔美籍篮球运动员林书豪就抓住了一个展示自己的绝佳机会。在纽约尼克斯队对阵新泽西篮网队的比赛中，他获得了替补上场的机会。作为纽约尼克斯队的一名球员，林书豪平时在球队中不太受重视，几乎没有什么上场的机会。这次作为替补出场，他牢牢地抓住了机遇，出色地抢下了5个篮板球，进行了7次助攻，拿下25分，帮助球队最终以99∶92的比分获胜。在那

第二章 超越平凡的自己

场比赛之后，林书豪带领球队取得了更多的胜利。因为他出色的表现，人们给他取的绰号"林来疯"（Linsanity）甚至入选全球语言观察机构认定的英文单词。

因此，当机会来敲门时，不要错过，要及时抓住它并充分利用它。它可能就是你取得成功、获得远大前程的入场券。

Extra Ordinary

成就非凡人生

> **结论**
>
> 无论是谁，要想超越平凡，在日常的工作或学习中，都必须更加努力，比别人付出更多。

第三章

让勇敢成为一种习惯

要想变得有勇气,就得打心底里相信自己、信任他人。此外,最好还能鼓励自己做到:

- 克服内心的恐惧;
- 走出生活的舒适区;
- 坚定自己的信念;
- 拒绝优柔寡断;
- 恰当发泄负面情绪;

那么,如何才能做到以上几点呢?在本章中,作者进行了有针对性的探讨,我们一起来看看吧!

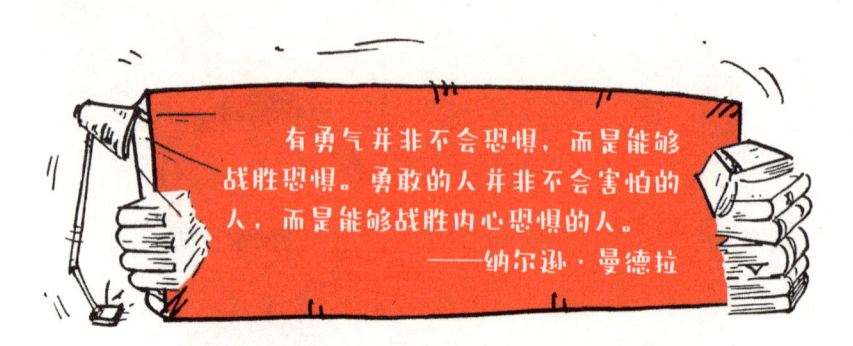

> 有勇气并非不会恐惧,而是能够战胜恐惧。勇敢的人并非不会害怕的人,而是能够战胜内心恐惧的人。
> ——纳尔逊·曼德拉

相信自己

勇气是一种敢做敢为、毫不畏惧的气概。在保护孩子脱离危险的母亲身上,在冲进火场去营救被困人员的消防员身上,我们都能看到勇气。即使在动物王国里,我们也能看到野牛是如何聚集在一起勇敢地抵御捕食者的。勇气是一种潜意识的展示,它来自内心深处。

要想拥有勇气,非常重要的一点是要相信自己。要知道,生活中总会有一些人对你持怀疑态度,或许因为和你观念不一致,或许因为与你信仰不同。在面对别人的怀疑时,最重要的是不要怀疑自己。即便全世界的人都怀疑你,令你笼罩在巨大的阴影中,你也必须有勇气去挑战自己,做你所认定的正确的事。看看商界、政界和其他领域的成功人士,他们几乎都对自己所做的事情充满信心。

亚历克斯·克雷格毕业于北得克萨斯大学,是"土豆包

第三章 让勇敢成为一种习惯

裹"的创始人。土豆包裹是一家在网上帮助顾客匿名寄送写有信息的土豆的企业。克雷格在与女友共进晚餐时想出了这个主意。女友刚听到这个想法时很怀疑,她告诉克雷格这是行不通的,肯定一个土豆也卖不出去。然而,克雷格相信自己,还是创立了这家公司。没想到,他的土豆迅速走红。现在,克雷格只需要将写有各种信息的土豆匿名寄给全美各地的人,每月就能有上万美元的收入。

土豆包裹

相信自己并做好自认为正确的事情，就能够激发你的潜能，让你进入更高的境界。

信任他人

对自己和自己所做的事有信心很重要，信任别人也同样重要。只依靠自己有时会有局限性，让你无法在通往成功的道路上走得更远；而在别人的帮助下，你可以走得更快更远。虽然把自己的命运交到别人手中对大多数人而言并非易事，但有时还是值得放手一搏，尤其当对方是你了解的人，或者在一段时间内共事过的人时。以足够的信任为前提，与他人紧密协作，对取得成功而言是至关重要的。

这是伟大的篮球运动员迈克尔·乔丹的亲身经历。乔丹为芝加哥公牛队效力多年，是球队的超级明星，带领球队打进NBA总决赛，并屡屡刷新他自己创下的得分纪录。事实上，早前在很多场比赛中，乔丹虽然是头号得分手，却被贴上了"自私"的标签，因为他总是要求别人把球传给自己。因此，虽然乔丹球技过人，但是队员们无法做到勠力同心，终于有一次，总冠军戒指花落别家。在教练菲尔·杰克逊的引导下，乔丹才意识到信任他人、把球传给

第三章 让勇敢成为一种习惯

以信任为前提

他人的重要性。从此以后,乔丹试着信任队友,让球队在球赛中充分发挥团队协作的优势。在乔丹的篮球生涯中,他与芝加哥公牛队一起连续夺得了 6 次 NBA 总冠军。

乔丹的故事告诉我们信任他人的重要性。当你与队友彼此信任时,你们的成功与荣耀之路就会变得更为平坦。

直面恐惧

恐惧是人最大的心理障碍之一,它会让人故步自封。这就像一个人被困在角落里,还面对着一只饥饿的狮子一样。一个人一旦被恐惧心理击倒,他在走向成功的道路上就会困难重重。

克服恐惧的最好方法就是直面它,弄清楚到底是什么东西让我们害怕。对学生来说,可能是在测验或考试中多次失败,让他们对考试产生了恐惧;对于成年人来说,可能是对更高职位需要承担更多的责任感到恐惧。只要弄清楚导致恐惧的原因,我们就能想办法去克服它。

因反复失败而畏惧考试的学生应当重新审视自己的学习方法和复习技巧,设法提高自己的学习能力,更好地为考试做准备。那些获得晋升机会的人要对升职的要求有清晰的认识,努力尝试让自己在心理和生理上都做好准备。如果没有做好准备,那么拒绝升职可能是最好的选择。

法国攀登爱好者阿兰·罗伯特以徒手攀爬世界各地的高层建筑而闻名于世,他的攀爬工具仅仅是一小包粉笔和一双攀岩鞋。谁也没想到罗伯特其实小时候有恐高症,在11

第三章 让勇敢成为一种习惯

畏惧失败

岁的时候才克服。当时，他被锁在了 7 楼公寓的门外，不得不爬窗进屋。这次经历让他克服了心中的恐惧，后来他开始了他的冒险生涯。罗伯特在世界各地徒手攀登并非没有遇到过意外，在 1982 年，罗伯特从 15 米高的悬崖上坠落下来，身体多处骨折，昏迷了整整 5 天。尽管如此，几个月之后，他又出现在了悬崖前，继续攀登高峰。

罗伯特直面并克服内心恐惧的故事，正是激励我们每一个人勇敢面对困难、克服恐惧心理的一个很好的范例。

走出舒适区

当一遍又一遍地做同样的事情时，我们就会变得安于现状。长时间处于这种安逸的状态，我们就会抗拒改变。这是一种不健康的状态，会令我们停滞不前，无法进步。

再见，舒适区

第三章 让勇敢成为一种习惯

作家尼尔·唐纳德·沃尔什曾经说过:"人生是从舒适区的尽头开始的。"确实如此,在舒适区待太久的话,一切就会变得常态化,我们不再有前进和尝试新事物的动力。想象一下,一个人长时间做着一份没有发展前景、朝九晚五的工作会是怎样的情景。如果不改变这种例行公事的状态,他可能根本无法明白工作的真实意义。

所以,有时候要敢于尝试走出舒适区:除了常吃的食物,试试别的吧;不要总是重复劳动,试着去完成更有难度的任务来挑战自己的极限吧。你会发现,在这些过程中,自己正变得更加优秀。

坚守信念

很多人都喜欢待在幕后,服从命令、随波逐流,因为这样更加轻松。他们不愿破坏安稳的现状,改变自己。毕竟,这能有什么好处呢?——看看那些打破现状的人,他们通常都会遇到"麻烦",或者被分配更多的工作,这全归功于他们的"大嘴巴"。有这种想法的人,毫无疑问,都是缺乏信念的人。

坚定信念

如果我们有强大的信念，我们就应该挺身而出，成为敢于打破现状、挑战自我的人。

1955 年 12 月 1 日，非洲裔美国妇女罗莎·帕克斯下班后搭乘公交车回家。上车后，她坐在车中部的位置，位于 10 个白人专座后面。很快，车上所有的座位都坐满了。到了下一站，当一个白人男子上车以后，公交车司机遵循种族隔离制度，坚持要帕克斯让座给那个白人男子，帕克斯拒绝了。虽然她随后就被逮捕并被判违反了种族隔离法，但她的行为

第三章 让勇敢成为一种习惯

可以说开启了美国自由和平的新时期。

帕克斯为自己和自己的信念挺身而出的勇气令人印象深刻。我们应该像她那样勇敢地坚守自己的信念,当面临挑战时,我们一定不要害怕,要立即行动起来。

治好优柔寡断

有时,当一个人在执行任务的过程中遇到太多选择,他就会患上一种被称为"优柔寡断"的病。通常情况下,这发生在必须做出某项重要的决定,又不确定做出这样的决定会产生什么后果的时候。人们更喜欢做可预测的事情,当其对某件事没有百分之百的把握时,就会感到恐慌,从而导致优柔寡断。

有了互联网,人们可以在做出决定之前很便捷地查阅相关资料。面对大量信息,有些人会变得优柔寡断。学生们在做课题研究的时候,经常会上网寻找有用的信息,可是过度分析信息,就可能会导致自我怀疑,从而打击自信心。通常,这种做法造成的阻碍远多于提供的帮助。

为了避免出现这种情况,一些专家建议要相信自己的直觉。也有一些专家建议,在做出决定之前列出利弊清单,

犹豫不决，寸步难行

当一天结束的时候，利弊清单上的信息可以帮助你总结，做出明智的决定，不必再担心会造成什么不好的后果。

学会呐喊

你是否觉得这一点看起来有点奇怪？

那我们就一起来看看呐喊与勇气、卓越有什么关系吧！

在跆拳道训练中，老师教给学生的第一件事就是呐喊。

第三章 让勇敢成为一种习惯

灵魂的呐喊

这就是所谓的 kiai：

ki——精神

ai——加入

因此，kiai 是身体力量和内在能量（肾上腺素）的结合，它是一种简短、响亮且尖锐的声音，被称为"灵魂的呐喊"。

这样呐喊有哪些好处呢？

·在准备发动攻击时，可以为身体创造更多的能量；

·使练习者专注于自己的目标;

·惊吓及扰乱对手,令对手措手不及。

当情绪低落、自尊心受挫的时候,呐喊能起到非常棒的减压作用。我们可以在沙滩上大喊或用枕头捂着嘴大叫,或者报名参加武术课。

这种发自内心的呐喊,可以被视作拥有非凡的力量和勇气的开始。

活在当下

恐惧的力量很强大。在我们成长的道路上,恐惧往往扮演着拦路虎的角色。现实生活中,孩提时的我们经常被父母这样吓唬:要乖乖躺在床上睡觉,否则躲在橱柜里的怪物就会出来吃掉你。这种恐吓会和现实生活中遭遇的失败一起,在我们内心滋长出恐惧的情绪,甚至可能给我们留下心理阴影。

恐惧会令我们想象出一个并不存在的未来,这个未来并不美好,会使我们陷入无法继续前进的困境。于是,我们被困在过去,内心的恐惧和遭遇的失败就像锚,沉在海底,阻碍我们的人生之舟向前航行。

第三章　让勇敢成为一种习惯

把握住现在

为了挣脱恐惧的枷锁，我们必须认识到，过去是重要的，因为它塑造了我们，但被它压垮却不是我们想要的结果。

所以，请活在当下，把握住现在。

辩证地看待过去

虽然前面提到，我们不应该停留在过去原地踏步，或者沉浸在过去的失败中无法自拔，但我们也不能武断地将过去全盘否定。事实上，过去的经历可以让我们积累一些宝贵的经验。

辩证地看待过去

例如，当我们再次面对经历过的困境时，跨越障碍的记忆就会被唤醒，从而帮助我们克服困难，获得成功。这样的例子有很多，特别是在体育运动中。对运动员而言，过去的经验简直就是他们获得胜利的力量之源。芝加哥公牛队之所以能拿到6次NBA总冠军，很大程度上就是因为迈克尔·乔丹及这支球队有多次打入总决赛的宝贵经验。

第三章　让勇敢成为一种习惯

因此,青少年既不应该对过去的失败耿耿于怀,让自己徘徊不前,也不应该对过去全盘否定,避而远之。辩证地看待过去,正确认识过去的成败,恰当运用过去积累的丰富经验,这对自己的前进和发展才是有益的。

让勇敢成为一种习惯

勇气对大多数人来说并非天生就有的。

在学习游泳时,一部分人必须勇敢地克服对水的恐惧,并努力建立起在泳池里自如游动的自信。只有这样,他们才能打心底里悦纳学习游泳这件事,从而掌握各种泳姿。

同样地,消防员也并不是生来就有勇气冲进火场救人的,他们的勇气是在日复一日的勤奋训练中产生的。不仅如此,丰富的训练经验还能让他们正确评估火场的状况,在尽量保证自身安全的情况下救出他人。

因此,勇气的培养训练必须是定期的、持久的,如果可能的话,把它当作日常的训练就更好了。事实上,如果经常练习,勇气就会成为你的一种习惯。

《习惯的力量:为什么我们这样生活,那样工作》的作

让勇敢成为一种习惯

者查尔斯·都希格用这句话来描述习惯:"只要有了良好的习惯,就没有什么是你做不到的。"

因此,如果我们能在日常的练习中培养起勇气,并让勇敢成为一种习惯,那么,我们日后就能取得不可限量的成就。

第三章 让勇敢成为一种习惯

> **结论**
>
> 青少年应当对自己充满信心，以无畏的勇气迈开坚定的步伐，去履行自己肩负的职责，去成就远大的梦想！

有信心，有勇气

第四章

保持充沛的精力

你是否有过如下体会：

- 头脑不清醒，做什么都无法集中注意力；
- 感到很疲倦，什么事都不想做；
- 一行字翻来覆去看好几遍，才明白它的意思……

这些其实是大脑给你发出的信号：它累了，无法继续正常工作。这时，你唯一需要做的事情，就是设法让大脑恢复活力。如何做才能让我们重获充沛的精力呢？赶快进入本章，看看有哪些有效的办法吧！

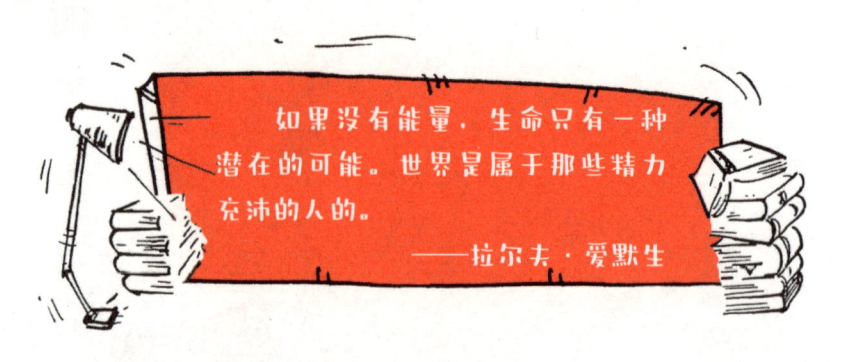

> 如果没有能量，生命只有一种潜在的可能。世界是属于那些精力充沛的人的。
>
> ——拉尔夫·爱默生

找出"巅峰时刻"

要想管理好时间，我们就需要了解自己一天里哪个时间段的精力最充沛，然后充分利用这段时间，以获得最佳的表现。对一些人来说，精力最充沛的时间可能是深夜，那个时候最安静祥和；对另一些人来说，可能是清晨，此时他们的头脑最清醒。

许多作家都习惯一大早起床写作。《1Q84》的作者村上春树就习惯每天凌晨4点起床工作五六个小

电量充足

时，因为早晨是他最有效率的时候。

同样，在一天中的某个时间段里，我们的头脑会不太清醒。科学家研究发现，饭后一小时效率最低。因此，在午餐或晚餐之后，我们可以放松一段时间再接着工作或处理事情。米歇尔·邓恩是一名作家、演说家，在餐后这段"休息时间"里，她会外出或做家务。这是一种很聪明的做法，在不适合进行高强度脑力劳动的情况下，就把时间用在体力劳动上吧！

去呼吸新鲜空气

有时，工作了过长的时间，我们会感到疲劳，失去继续前进的动力。在这个时候，如果强行继续工作，结果往往不理想。经济学家将这种现象归因于"收益递减法则"。意思是，当努力和动力达到饱和状态后，一个人付出得越多，得到的收益反而越少。换句话说，此时花费的时间和精力越多，回报就越少。因此，生产力就会逐渐降低。

这时我们应该如何做呢？停下正在做的事情，去户外呼吸新鲜空气来恢复精力吧！在美国纽约进行的一项研究表明，绿色植物能够帮助儿童排解压力。专家在研究过程中发现，大自然可以帮助儿童缓解生活中的压力，减轻压力带来的负面影响。而且，在与大自然的互动中，孩子能得到更多的幸福感。

所以，提高生活环境中的绿化率对我们的身心健康都是很有益的。想想看，经过几个小时的繁忙工作后，可以去呼吸一下新鲜空气，多好呀，这样的生活方式定能受到大家的欢迎！

呼吸新鲜空气

坚持锻炼身体

另一个激活身体能量的有效方法是做运动。

我们在锻炼的时候，大脑处于放松状态，心脏会搏动

第四章 保持充沛的精力

得更加有力，身体会出汗。悉尼的一项研究调查了户外活动与儿童近视的关系。在参加这项调研前，儿童必须接受全面的眼科检查，确保视力都没问题。经过一段时间的跟踪记录，研究人员发现，孩子在户外活动的时间越长，近视率越低。

坚持锻炼

既然锻炼能带来如此多的好处，为什么许多人没有定期去锻炼呢？人们常用的借口包括：没有时间、没有动力。大多数人都过着忙碌的生活，这是可以理解的。但是有许多运动不需要耗费太多的时间，很适合学习任务繁重的青少年和工作忙碌的人。例如：

· 如果目的地不远，就用步行代替开车、乘坐公共交通工具；

· 乘坐公共交通工具去上学或上班时，提前几站下车，走完剩下的路；

· 骑自行车上学或上班；
· 走楼梯而不是搭电梯或自动扶梯；
· 工作间隙，去短距离慢跑或游泳。

如果我们经常锻炼，我们的大脑会更加放松，身体也会更快恢复活力，为接下来的学习或工作做好准备。

给大脑充满电

你有过这样的经历吗？一行字翻来覆去看好几遍才明白它的意思。为什么会这样呢？这是因为你的大脑疲倦了。大脑在疲倦的时候，就会停止正常的工作。

有一种让大脑快速恢复活力的办法，那就是打个盹儿。在白天有质量地小睡一会儿，30分钟或者更少的时间，让身体恢复活力，让头脑保持灵敏，这样有助于提高学习或工作效率。不仅如此，这样做还可以改善晚上的睡眠质量。所

打个盹儿

第四章 保持充沛的精力

以说，打盹儿能对大脑和身体产生奇妙的积极作用。

还有一种有效的方法是冥想，就是通过呼吸吐纳，陶冶心灵。冥想时，我们会专注于自己的呼吸动作，在一呼一吸之间，不自觉地就放下过去，暂停展望未来，只专注于现在。这就是冥想的目的。当这一目的达到时，大脑就会充满活力。

所以，当大脑疲倦的时候，就给它进行一次精神充电吧！

减少抱怨

"为什么总是有这么多作业！"

"她怎么可能每一科都考100分呢！"

"为什么总是让我干脏活儿！"

"我到底需要做些什么才能得到认可？！"

这些可能只是你听到过的一部分抱怨。在新加坡这样快节奏发展的社会里，这种抱怨并不少见，而且我们都是"抱怨的主人"。

有些人把抱怨比作吸烟。吸烟的人在点烟以及吞云吐雾的那一刻会觉得很享受，但从长远来看，吸烟会对身体

抱怨个没完

造成非常大的伤害。与此相似，人们抱怨的时候可能会满足于一时的发泄，但就长久而言，爱抱怨的人其实是最不快乐的人，他们经常唉声叹气，眉头紧锁。

抱怨是一种非常有害的行为，它会导致人产生消极的情绪。最重要的是，没有人喜欢与爱抱怨的人为伍——谁会愿意和一个喋喋不休、抱怨不停、充满负能量的人待在一起呢？

第四章 保持充沛的精力

所以，每个人，尤其是青少年，要常提醒自己少抱怨，多关注事物积极的一面。

心存感恩

在学校过得不顺心，和朋友吵架，考试考砸了，与家人产生分歧……这些事都会让人不快。如果任由这些事来主宰情绪，我们很快就会陷入失望与沮丧之中。

不好的事情发生时，一种避免产生消极情绪的方法就是提醒自己多想想值得感恩的事情。感恩能帮助我们进行积极乐观的思考，让我们产生正能量。例如，在学习或工作上碰到困难的时候，何不想想，我们能拥有上学或工作的机会，这是多么值得感恩的事情！毕竟，在这个世界上，还有很多不

拥有感恩之心

幸的人，没机会上学，找不到工作。再如，在生活中遇到了困难，我们就应该积极地思考：挑战是很好的学习机会，它能让我们积累成长的经验，变得更强大。

当我们习惯于多多感恩已拥有的东西，少去抱怨遇到的挫折时，每天的工作或学习就会顺利许多。

合理饮食

当身体没有摄取到足够的营养时，我们就容易感到疲劳。这就是为什么我们的饮食需要均衡搭配碳水化合物、脂肪、蛋白质、纤维、维生素及其他重要的营养成分。吃得好的意思，其实是指吃得适当。只要不过度偏食，每餐都摄入多种食物，保持营养均衡，身体就会从中受益。

营养学家建议多吃全谷物（如棕色谷物和麸皮）、浆果（如蓝莓）、坚果（如核桃和杏仁）等食物，因为它们可以提供葡萄糖、维生素和人体所需的营养素，有助于保持头脑清醒。所以，下次你想吃零食的时候，请选择全谷物、浆果或坚果，而不是薯片（钠含量太高）之类的东西。

健康饮食的另一个重要方面是要保证水分的摄入。人的身体近三分之二是由水构成的，身体缺水就会导致能量

第四章 保持充沛的精力

饮食均衡

水平降低。我们身体中的水大约 80% 来自直接摄入的水和其他液体，另外的 20% 来自我们所吃的食物。除了水，果汁或牛奶也能为身体提供水分。

美国的企业家、作家、励志演说家吉姆·罗恩这样总结道："照顾好你的身体吧，它是你灵魂的唯一居所。"

试一试吧，每日都吃搭配合理的食物，一段时间后，你就能感觉到身体中有能量在涌动呢。

整理好思绪

当身处杂乱的环境中时，我们的情绪可能会受到影响，无法发挥出最佳水平。想象一下，一张堆满文件和文件夹、散放着纸笔等文具的办公桌，是不是会让你望而却步？利用收纳或分隔用品，将桌上的各类物品摆放得井然有序，我们就会觉得工作或学习更有条理、更轻松。

除了整理工作环境，我们还必须对头脑进行整理。在这个发展节奏快、技术不断更新的时代，人们很容易被海量的信息淹没。我们平时随时接收

去除杂事，整理思绪

第四章 保持充沛的精力

着项目的进度、会议的时间安排以及各项任务的最后期限等信息，大脑没法将所有的事情一一记清楚，但我们可以通过在日历上标注或者在手机上设置提醒来理清思绪，避免把不同任务的最后期限搞混淆。我们可以借助各类工具，尽可能多地将信息保存在大脑之外，让大脑可以正常运转。

据调查，成功人士大多习惯于列任务清单，这个清单可以向他们清楚展示每天需要完成的任务明细，使他们按照重要程度依次完成它们。

另一个很好的整理大脑的方法是实行极简主义。极简主义的本质就是"断舍离"——将生活中自己不需要的东西扔掉或者捐赠给有需要的人。面对的杂事越少，头脑受到的束缚就越少。所以，整理好生活，其实就整理好了我们的思绪。

专注于力所能及的事情

当事情没有按预期发展时，我们的思绪就会混乱，让我们失去判断力，继而产生焦虑的情绪，导致我们的负能量激增，原本拥有的正能量，也因之被迅速消耗掉。

当感觉心有余而力不足时，我们内心的平静和安宁就

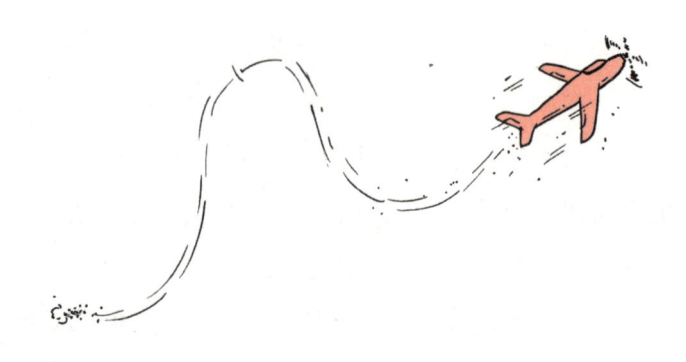

做能力范围之内的事情

会受到干扰，滋生出焦虑情绪，并有可能成为恶性循环的开始。想要解决这个问题并不难——不要总想着去控制能力范围之外的事物，专注地做好自己能掌控的事情就行。

为了防止这种情况发生，我们可以列一个清单，将困扰我们的问题列出来，然后按照"能解决"和"无法解决"进行分类。对于后者，最好果断放弃，以免徒增焦虑。

专注地去完成自己能力范围之内的任务，可以让我们沉着镇定，自信地面对未来。

劳逸结合

"只学习不玩耍，聪明孩子也变傻。"虽然这只是一句被老百姓说着玩的谚语，但实际上它讲了一个真理：一个人如果只工作不休息，就会偏离正常的生活轨道，错过一些重要的东西。同理，一个学生如果只学习不休息，很快就会感到疲劳，对任何学科都提不起兴趣。因此，在学习或工作之余，我们需要抽点时间去做自己喜欢做的事。

如果我们已经因为学习或工作而忽视了玩乐，那就立马适当分配时间，让玩乐重新融入我们的生活。当然，我们应该约束好自己，在脚踏实地地完成重要的任务后，再去休息玩耍，沉迷于玩乐而荒废学业或工作也是不可取的。如果不能及时完成任务，那迟早会面对严重的后果。所以，我们必须自律，把握好分寸，清楚知道什么时候应当结束玩乐，重新开始学习。

尽情玩乐

如果我们喜欢看电视节目，可以在学习一段时间后安排一些时间去看。这也可以作为一种自我激励的手段，因为在潜意识里，我们会在努力工作之际期待即将得到的回报。

所以，请抽出一些时间来玩乐吧，给疲倦的大脑充充电，为生活增添一些乐趣。

第四章 保持充沛的精力

> **结论**
>
> 保持充沛的精力十分重要，它能让我们拥有一个充满无限可能的世界。

无限可能

第五章

成为终身学习者

　　学习是生活的组成部分，生活不止，学习不止。在终身坚持的学习中，我们才会渐渐实现自身价值。

　　因此，对青少年而言，学习不是一个目标，而是一段沿途收获不断的旅程。那么，做什么、如何做我们才能获益良多，并且保持学下去的动力呢？让我们进入本章节，去找找答案吧。

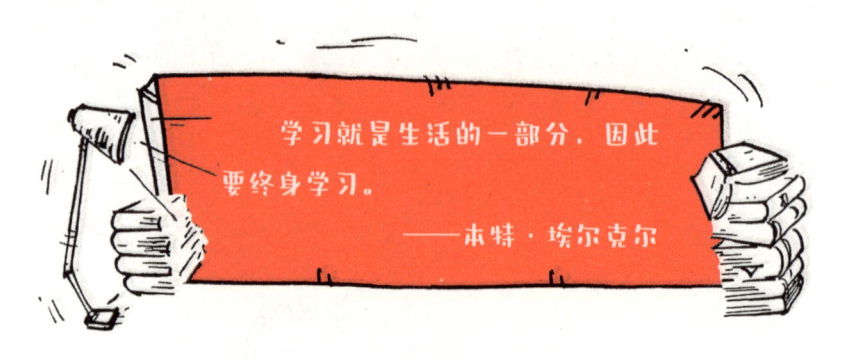

> 学习就是生活的一部分，因此要终身学习。
> ——本特·埃尔克尔

学无止境

学习是为了能够理解更高层次的知识，或是掌握更多技能。学生们努力学习是为考试做好准备；学习驾驶理论、接受上路测试是为了练好车技。因此，认真学习是取得好成绩的前提。

一个人要想在群体中出类拔萃，就必须不断地学习。学习不是一个目标，它更像是一段旅程，沿途就能取得很多成就，而这些里程碑式的成就就是推动我们学下去的动力。

新加坡开国元首李光耀曾经说过："真正受过教育的人，应该是永不停止学习、主动想要学习的人。"李光耀自己就从未停止过学习，比如，他知道掌握双语的重要性，于是坚持上中文课，持续了好几年。

学习能够赋予我们力量，所以，永远不要停止学习！

第五章 成为终身学习者

坚持学习

抓住每一个机会

对有些人来说，学习没实际用处的东西就是在浪费时间，他们把这类学习当作苦差事，犹恐避之不及，宁愿无所事事，消磨时光。有这种想法的人，永远也无法在学习上取得更大的成就。与之相反，如果把学习看作一种探索，当作发现新事物的机会，那么自然就有动力继续下去了。

你是否想过，为什么小孩子常常会问一些听上去很疯狂但很真诚的问题？因为他们对世界充满好奇，也不怕提出问题。在他们眼里，世界是一个充满未知的地方，既然身处其中，那就抓住每一个机会用满满的好奇心去探索，去发现。

在这一方面，我们也应该向孩子学习，抓住每一个机会去发现和探索这个世界，了解它能提供给我们的一切。

用好奇心去探索

学习不同的东西

要想保持对学习的兴趣，那就去学一些自己不太熟悉的知识吧。记得，一定得是不同类别的知识哟。为什么这么说呢？打个比方大家就明白了。学习如何喂养宠物很有意思吧？但长时间学习这一类知识，你就会觉得有点无聊。

第五章 成为终身学习者

敢于突破自我

所以，勇敢突破自我，去尝试学习不同类别的知识吧，这样或许可以帮助你重燃学习热情，激发兴奋感。

大多数人都习惯安于现状，总是走熟悉的路线去上学或者上班，总是选择自己喜欢吃的那几种食物，尽量避开不爱吃的食物。

由于被限制在熟悉的事物中，我们就不愿意冒险去尝试新事物。但是，不愿意不等于不应该去尝试。我们必须迈出第一步：做些不同的事情，就在今天！

今天换乘另一路公交车回家，它可能会让你走更远的路，但因为这段回家之旅有不同的风景，也可能会令你兴奋。今天的午餐尝试一道新菜品吧，去挑战一下自己的味蕾，也许你会喜欢这个新口味呢！另外，去学一种乐器或尝试一种新的运动也是不错的选择，度过了艰难的入门期后，你可能会学上瘾哟！

管理好学习时间

许多人抱怨没有时间学习。每天的任务已经让人忙得不可开交，剩余的时间只想用来放松或睡觉。

的确，大多数人的状态都是既忙且乱的，除了工作，几乎没有时间做其他事情。不过，越是如此越要想办法去"创造"学习时间。有一个方法很有效：每天挤出一点时间去学习，即使只用30

不浪费每分每秒

分钟来阅读或学习新知识也好。为了充分利用这段时间，请排除掉所有可能的干扰。例如，会让人注意力分散的电脑或其他电子产品一定要放得远远的。

另一种方法是有效地利用碎片化时间。例如，在等公交车的时候，我们可以读一本书中的一个章节；在排队等待的时候，我们可以在智能手机上观看教育类视频。随着智能手机的普及，学习和信息收集变得如此快捷、便利，只要按下按钮或滑动触摸屏，随时都可以找到任何你想找的东西。

所以，学习的时间总是会有的，我们需要做的是管理好时间。

重复学习

有些学生在考试前几天甚至前一天才开始复习，这样做风险太大了，他们几乎没有足够的时间将每个知识点都复习好。并且，这些学生很快就会意识到，用这种方法学到的知识没办法长期存留在头脑中，甚至考试一结束，就已经不记得其中的大部分内容了。这些学生只是为了测验或考试而学习，让自己在特定的时间内暂时记住了学习内容，可这并不是长期记忆。

想要真正学到知识，就不能只在短时间内记住它，而要把它转化为长期记忆。做到这一点的方法就是：重复。我们必须重复练习所学到的或正在学习的东西。

还记得第一次学骑自行车吗？在经历了反复摔倒、受伤和训练平衡感之后，我们终于学会了骑自行车。然后再通过重复练习，这个技能就成为终身技能，再也不会忘记。这就体现了重复在学习中的重要作用。

终身掌握的技能

坚持阅读

阅读能够赋予我们力量。通过阅读，我们被带入新的世界，进入别人的思想。我们了解到世界是如何运作的，伟大的思想家是如何思考的，有创造力的作家是如何将幻想编织成故事的。阅读让我们了解到那些改变了世界的发

第五章 成为终身学习者

现。通过阅读，我们吸取经验，避免犯别人犯过的错误，学会运用高效的方法，不再以复杂低效的方法去学习。

美国作家、演说家约翰·麦克斯韦尔认为阅读非常重要。他年轻时就养成了读书的习惯，一生从未间断。为了保持这个习惯，他让自己常能接触到各种书。要做到这一

吸取经验，高效学习

点，还有什么比去图书馆更好呢？图书馆藏书众多，是借书的好地方，而且免费(只要申请会员资格，长期借阅通常是免费的)。

当然，除了图书，还有很多很棒的读物，比如报纸、杂志等，阅读起来也很有趣。例如《漫画经济学导论第一卷：微观经济学》一书，由格兰迪·克莱恩和约拉姆·鲍曼合著，作者在书中对微观经济学进行了有趣且轻松的描述。对于初涉这个领域的人来说，以这样轻松愉快的方式入门，真是再好不过了。

平板电脑和智能手机大大提高了我们阅读的便利性，可以说，只要你想阅读，随时都可以。

瞧，你现在不正在阅读本书吗？这足以说明你正在正确的轨道上前进。

因此，请坚持阅读和学习吧！

应用所学知识

强调学习和阅读的人很多，但最关键的是，要将学到的东西应用到工作或学习中，否则，一切都只是空谈。把学到的知识应用起来，才能够帮助我们了解自己真正掌握

第五章 成为终身学习者

了多少内容;如果无法应用,或者不能很好地应用,就说明我们在学习、理解中出现了偏差。

仍以约翰·麦克斯韦尔为例,我们来看看他是如何运用所学知识的。作为一名演说家和作家,他广泛地阅读以启发思路,并建立了文件归档系统。这样,他一旦在书中看到好的想法或精彩的句子,就可以将它们记录下来。他把自己选出的句子或段落归类,然后把类别或主题写在旁边,用来标示应该归档到哪里。他的助手会复印这些资料,剪下选出的句子或段落,将它们粘贴到索引卡上,再根据主题进行归档。通过这个自制的系统,麦克斯韦尔能够很容易地提取出他需要的信息。这就是一个成功应用所学知识的优秀范例。

学习是一个充电的过程,然而,如果我们不应用所学知识,知识就会处于被埋藏的状态。所以,让我们好好应用它们,

应用所学知识

让它们发挥更大的作用吧!

教学和分享

法国教育家、作家约瑟夫·朱伯特曾经说过:"教的过程也是再次学习的过程。"

这一富有洞察力的论述突出了教的力量。教师教育孩子的时候,必须确保自己对知识的理解是完整的、扎实的、透彻的,否则就很有可能被学生提出的问题给难住。同时,教的过程也是教师强化理解相关知识的过程。

此外,学生提出的问题可以使教师对所教内容产生新的认识。因此,教学的过程能够体现教师对一个知识点或一个问题的理解程度。

除了教,分享也是一种有效的学习方式。人们可以与其他有共同爱好的人分享信息和交换意见。

分享与成长

第五章 成为终身学习者

如今，随着新媒体的普及，许多渠道和平台都可共享信息，每一个人都可以成为信息的提供者。例如，我们可以通过博客来发布新发现、新发明、新趋势，可以在线回答别人的提问或咨询，还可以在论坛上参与讨论并提出自己的意见。只要愿意，每个人都可以在各类平台贡献自己的智慧，更好地成长。

我们还可以在网上认识志同道合的人，从而促使我们进行更广泛的学习和分享。

与志同道合者为伍

有些人认为学习是一个孤独的过程，在这个漫长的过程中，学习者形单影只，寒窗苦读。这个画面很令人丧气，会让人觉得终身学习很难坚持。不过，有些人并不介意，他们更喜欢独自学习。当然，独自学习并不适用于大部分人，学习不必孤身一人，在旅途中我们还有朋友和同学相伴。

在学习的过程中，我们应该和志同道合的人在一起，组成一个学习小组或一个特别兴趣小组，与队友面对面或通过互联网进行交流。这样可以起到互相帮助的作用，特别是当我们在内容理解方面遇到困难的时候。而且这种群体学习也可以营造积极良好的学习氛围，成为我们前进的动力。

常言道："没有人是一座孤岛。"我们会时不时地需要别人来鼓励自己继续前进，特别是在遇到绊脚石的时候。还有谁比亲密的终身学习伙伴更适合成为你求助的对象呢？

兴趣小组的学习与交流

第五章 成为终身学习者

反思与感悟

"这要怎么搞定?"

"这合理吗?"

"这合乎逻辑吗?"

"这是真的吗?"

"谁说必须这样做的?"

"这来源有多可靠?"

"这经过核实了吗?"

以上这些是我们学习时经常提出的问题。(希望如此!如果不是,就说明我们思考得还不够,只是接受了表面的一切,并没有真正掌握知识。)学习,就是在处理信息。在学习的过程中我们可能会出现分歧,出现争论。这是正常的,因为争论也是学习的一部分。

在学习时,我们可能会有"尤里卡时刻",即顿悟时刻。古希腊学者阿基米德就是那个高呼"尤里卡"的人。当进入浴缸时,他发现水平面上升了,于是他突然意识到,增加的水的体积,必然与自己水面以下部分身体的体积相等。就像阿基米德一样,我们可能会突然受到启发,获得一些有价值的东西——可能是全新的知识,或者是对熟悉

自我反思

的事物的新理解、新领悟。

当反思自己的学习时,我们也可能获得新的见解。有时候,我们需要"坐在它上面",认真"消化"这些信息,才能有所收获。所以,不要害怕问自己究竟学到了什么。相信没有人希望自己像井底之蛙那样,只满足于眼前有限的风景,要知道,世界上还有很多东西值得我们去探索。

第五章 成为终身学习者

> **结论**
>
> 学习不是一个目标,而是一个持续的过程。那么,为什么不让自己成为一个终身学习的人呢?

终身学习

后记

恭喜你读完了这本书!

我希望阅读本书对你来说是一次鼓舞人心的经历,因为它向你揭示了人们在各自的领域里出类拔萃的原因。成功不是一夜之间就能获得的,有时候,要花很长时间它才会来敲你的门,但这并不妨碍你迈出走向卓越的第一步。

我们每个人都有自己的独特之处。有些人会感到自卑,因为目前没有取得成就,更不用说出类拔萃了。但看看毛毛虫是如何经历蜕变、变成美丽而优雅的蝴蝶的吧!我们必须要相信,我们也有潜能等待释放。只要牢记这一点,就不会被消极的言语击倒。

"棍棒和石头能打断我的骨头,但言语永远不能伤害我。"这句谚语告诉我们,不要让其他人所说所写的消极或负面言论对自己造成任何伤害。这说明了坚忍的重要性:它能让我们在逆境中继续前行。我们中的一些人可能是大器晚成者,需要花更多的时间来弄清楚自己到底想要什么、需要做什么来达成目的。只要我们坚持下去,成功就会触手可及。

请永远记住,我们不是毛毛虫,而是蜕变中的蝴蝶。

借此,预祝每一位读者在未来的学习或工作中获得成功,成就非凡的自我!

各自珍重,采取行动!

参考书目

Alston, John; Thaxton, Lloyd. 2003. *Stuff Happens(and then you fix it!)*. John Wiley & Sons, Inc.: New Jersey.

Blanchard, Kenneth. 2003. *The One Minute Manager*. William Morrow: United States of America.

Covey, Stephen R 1989. *The 7 Habits of Highly Effective People*. Fireside: United States of America.

Gitomer, Jeffrey. 2006. *Little Gold Book of YES! Attitude: How to Find, Build and Keep a YES! Attitude for a Lifetime of SUCCESS*. FT Press: United States of America.

Johnson, Spencer. 1998. *Who Moved My Cheese?:An Amazing Way to Deal with Change in Your Work and in Your Life*. GP Putman: United States of America.

Martin, Curly. 2008. *The Personal Success Handbook*. Crown House Publishing Limited: United Kingdom.

Quilliam, Susan. 2003. *Positive Thinking*. Dorling Kindersley: United Kingdom.

Rao, Srikumar. 2007. *Are You Ready To Succeed?* Ebury Publishing: United States of America.

Rath, Tom. 2015. *Are You Fully Charged? The 3 Keys to Energizing Your Work and Life*. Silicon Guild:United States of America.

Warren, Rick. 2011. *The Purpose Drive Life: What on Earth am I Here for?* Zondervan Publishing: United States of America.

索　引

（据英文所在页码排序，出现过的单词或短语不再重复列出）

页码	英文	文中释义
003	SUCCESS	成功
009	BOOM BOOM	梆梆
012	WHACK!	猛击!
014	ENTHUSIASM	热情，激情
017	WORK ENTHUSIASM	工作激情
020	U CAN DO IT!	你能做到!
025	BIG	远大的，雄心勃勃的
026	SMALL	小的，点滴的
033	FOCUSED	注意力集中的
034	TIME	时间
035	LOUD	大声地
035	ACTION	行动
037	CALM	平静的，心平气和的
038	DAY	现在，目前
039	Extra Ordinary	非凡的，卓越的
043	Potato Parcel	土豆包裹
043	Hello!	你好!
045	TRUST	信任
047	FEAR	恐惧，害怕
048	COMFORT ZONE	舒适区
048	Life	人生
050	BELIEFS	信念，信仰
052	I CAN'T MOVE...	寸步难行……
052	FREEZE	僵住
053	AHHH!	啊!
055	NOW	现在，此刻
058	COURAGE	勇气
058	HABIT	习惯
059	BELIEF	信念，信仰
062	BATTERY	电池

100

页码	英文	文中释义
064	FRESH AIR	新鲜空气
068	COMPLAINTS	怨言，牢骚
069	GRATEFUL	感激的
071	BALANCED MEAL	饮食均衡
072	INFORMATION	信息
076	PLEASURE	消遣，娱乐
077	POSSIBILITIES	可能
081	KEEP LEARNING	坚持学习
082	WHY?	为什么？
084	BUS STOP	公交车站
089	APPLY	应用
090	SHARE	共享
092	Hi!	嗨！
095	LEARNING	学习

致　谢

我要感谢以下各位，是你们给我的生活带来重要影响，帮助我克服在创作本书的过程中遇到的困难。排名不分先后：

我至爱的妻子 Pauline（宝琳）。

我甜蜜可人的女儿 RaeAnne（瑞安）和 Raelynn（瑞莲）。

我亲爱的父母。

我所有的老师和导师，尤其是 Ho Chee Lick（何志立）教授、Paulin Straughan（波林·斯特劳恩）教授、Kay Moulmein（凯·莫梅恩）教授和 Linda Thompson（琳达·汤普森）教授。

我在新加坡义安小学、德明政府中学、维多利亚初级学院、新加坡国立大学与南洋理工大学上学时期的朋友们和伙伴们。

维多利亚初级学院的朋友们及同事们。

维多利亚初级学院前任及现任校长：Ek Soo Ben（艾克·秀·本）女士、Lee Phui Mun（李佩文）夫人、Chan Khah Gek（陈嘉庚）夫人和 Chan Poh Meng（陈德孟）先生，以及副校长 Cheong Tien Beng（郑天彬）先生、Gurusharan Singh（格鲁沙兰·辛格）先生和 Chua Nga Woon（蔡美儿）夫人。

还有一群特殊的人：Adam Khoo（邱缘安）、Stuart Tan（斯图亚特·谭）、Conrad Alvin Lim（康拉德·艾文·林）、Gary Lee（李智辉）、Merry（梅丽）、Alva（艾娃）、Rita Emmett（丽塔·艾米特）、Khoo Siew Chiow（邱瑞昭）、Elim Chew（周士锦）、Cayden Chang（凯顿·张）、Sean Seah（谢伟安）、Lvan Loh（伊凡·洛）、Mark Chow（马克·丘）、Grace Tan（格雷斯·谭）与 Johnson Lee（李思捷），他们仍然在不断影响和激励着我！

还要感谢我过去和现在的学生们，希望你们为了获得更大的成功继续奋斗。把握现在，未来可期！

最后的但并非不重要的，还有那些以不同的方式影响了我的生活的人。

你们存在于我心灵的某个地方，我将永志不忘。